Lese-Rätsel 3. und 4. Schuljahr

Rätselblätter zur Förderung der Lesekompetenz

Anna Merzinger

Oldenbourg Schulbuchverlag, München

Projektleitung: Claudia Passek
Redaktion: Sibylle Krämer, Bayreuth
Illustration: Kristina Klotz, München
Umschlagkonzept: Mendell & Oberer, München
Umschlaggestaltung: Visuelle Gestaltung Katrin Pfeil, Mainz
Technische Umsetzung: krauß-verlagsservice, Augsburg

www.oldenbourg-bsv.de

1. Auflage, 1. Druck 2014

Alle Drucke dieser Auflage sind inhaltlich unverändert
und können im Unterricht nebeneinander verwendet werden.

© 2014 Oldenbourg Schulbuchverlag GmbH, München

Das Werk und seine Teile sind urheberrechtlich geschützt. Jede Nutzung in anderen als den gesetzlich
zugelassenen Fällen bedarf der vorherigen schriftlichen Einwilligung des Verlages.
Hinweis zu den §§ 46, 52a UrhG: Weder das Werk noch seine Teile dürfen ohne eine solche Einwilligung
eingescannt und in ein Netzwerk eingestellt oder sonst öffentlich zugänglich gemacht werden.
Dies gilt auch für Intranets von Schulen und sonstigen Bildungseinrichtungen.

Druck: H. Heenemann, Berlin

ISBN 978-3-637-02143-3

Inhaltsverzeichnis

Vorwort ... 4

Wortspiegel – Spiegelwort ... 5
Ein Wort und zweierlei Bedeutungen ... 6
Der feine Unterschied: Nur ein Selbstlaut (Vokal) ändert sich ... 7
Der feine Unterschied: Nur ein Mitlaut (Konsonant) ändert sich ... 8
Nur ein Buchstabe mehr ... 9
Und noch ein kniffliger Wortzauber ... 10
Sonderbar, sonderbar ... 11
Riesenwurm-Wörter ... 12
Schneckensuchsel 1 ... 13
Schneckensuchsel 2 ... 14
Was hat das Känguru in seinem Beutel? ... 15
Lauter Sprücheklopfer! ... 16
Bachstubenverwuchsleng ... 17
Stuchbabenwerlechsvung ... 18
Hoppla, da fehlt doch einer! ... 19
Nanu, einer zu viel an Bord! ... 20
Moment mal, da stimmt etwas nicht! ... 21
Wer zaubert die meisten neuen Wörter? ... 22
Was gehört nicht dazu? ... 23
Wortsalat ... 24
Immer zwei dicke Wörterfreunde ... 25
Wer fehlt denn da? ... 26
Vorsicht, blinder Passagier! ... 27
Wer ist denn da gemeint? ... 28
Ein komplett verrücktes Haus! ... 29
Ein Rezept von der Schussel-Hexe gegen Langeweile ... 30
Doppelt gemoppelt! ... 31
Namenwörter (Nomen) spielen Verstecken ... 32
Falsche Grenzen! ... 33
Alles rückwärts! ... 34
Redensarten in Känguru-Sprüngen ... 35
Schlangensätze ... 36
Satzkreisel ... 37
Versteckte Sätze ... 38
Noch ein Versteck für einen Satz ... 39
Spiegelsätze ... 40
Guten Appetit! ... 41
Die Silbenfresser ... 42
Versteckte Wörter im Silbenwald ... 43
Silbenschlangen ... 44
Spiegelwörter ... 45
Unter Freunden ... 46
Hier geht es ums Geld! ... 47
Wer war es? ... 48

Lösungen ... 49

Vorwort

Kinder haben Spaß am Lösen von Rätseln. Deshalb verstehen sich die vorliegenden Lese-Rätsel als Beitrag zum lustbetonten Training der Lesefertigkeiten und -fähigkeiten von Kindern. Dabei steht immer die Sinnentnahme abwechselnd auf der Wort-, Satz- und Textebene im Vordergrund. Die Schülerinnen und Schüler können die Rätsel nur dann knacken, wenn sie genau lesen, den verschiedenen Wortbedeutungen auf der Spur bleiben und flexibel mit den Rätselwörtern und -sätzen umgehen.

Die Lese-Rätsel können ganz unkompliziert eingesetzt werden, sie benötigen keine besondere Vorarbeit im Unterricht und eignen sich für vielfältige didaktische Anlässe. So können sie als Maßnahme der quantitativen und qualitativen Binnendifferenzierung im Leseunterricht ihren Platz finden oder zwischendurch eine motivierende Leserätselstunde füllen. Ferner eignen sich die Rätselblätter für kurzfristige Vertretungsstunden oder als Übungsmaterial innerhalb freier Arbeitszeiten bzw. der Wochenplanarbeit. Dabei können sich Kinder allein mit den Rätseln auseinandersetzen oder mit einem Lernpartner bzw. innerhalb einer Kleingruppe ans Lösen der Rätsel gehen.

Natürlich ist es auch denkbar, die Lese-Rätsel hin und wieder als die etwas andere Hausaufgabe zu stellen.

Die Lösungen am Ende des Bandes ermöglichen sowohl die Selbstkontrolle durch die Kinder als auch die rasche Überprüfung der Ergebnisse durch die Lehrkraft.

Wie auch immer die Lese-Rätsel zum Einsatz im Unterricht kommen – sie stellen einen gewinnbringenden Beitrag zur Steigerung der kindlichen Lesekompetenz dar.

Ich wünsche Ihnen und Ihren Schülerinnen und Schülern viel Freude beim Rätseln!

Anna Merzinger

Name: Datum:

Wortspiegel Spiegelwort

Aus einem kleinen Gebäude im Garten wird ein Grundstück mit Blumen und Gemüse rund um das Haus.

Gartenhaus
Hausgarten

Aus Katzen, die bei uns zu Hause leben, wird eine Behausung für die Katze.

Aus Hasen, die bei den Menschen leben, wird die Behausung für diese Tiere.

Aus einem Schuh, den du nur in der Wohnung trägst, wird ein Haus, in dem du alle möglichen Schuhe kaufen kannst.

Aus einem Teil eines Baumes wird eine Anordnung von Menschen, die alle miteinander verwandt sind.

Aus einem Traum, den du tagsüber hast, wird ein superschöner Tag.

Aus einem bestimmten Finger wird ein Schmuckstück.

Aus einem Brett, auf dem du zum Beispiel Mensch-ärgere-dich-nicht spielst, wird ein Spiel wie zum Beispiel Mühle oder Schach.

Aus einem Gerät, mit dem man ein zerknittertes Hemd glättet, wird ein Bügel aus Metall.

Aus einem Feld, auf dem Salat wächst, wird eine bestimmte Salatsorte.

Name: _____ Datum: _____

Ein Wort und zweierlei Bedeutungen

• Zahn eines Raubtiers • Wiesenpflanze	
• Das steht auf der Speisekarte. • Da wird verhandelt, wenn zwei sich streiten.	
• große Tanzveranstaltung • etwas, das rollt	
• Musikinstrument • Körperteil eines Vogels	
• Tiere, die in Feuchtgebieten leben • lustiges Wort für Geld	
• Frisur • Körperteil des Pferdes	
• leckerer Kuchen • schmerzhafter Insektenstich	
• Spielzeugpferd aus Holz • anderes Wort für Hobby	
• Das wächst am Baum. • Darauf kannst du schreiben.	
• Körperteil des Hasen • Besteck	
• Diese Frau hat ein Kind. • Das ist aus Eisen. Der Schlosser braucht es.	
• Damit kannst du das Licht ausmachen. • Dort bekommst du in der Bank Geld.	
• Körperteil des Fuchses • eine Säge	
• Darauf kannst du sitzen. • Dort kannst du dein Geld sparen.	
• Diese Pflanze ist giftig. • Das benützen manche beim Nähen.	
• Da läuft Wasser heraus. • So heißt der Mann der Henne.	
• Darin wohnt ein König. • Da steckst du den Schlüssel hinein.	

Der feine Unterschied:
Nur ein Selbstlaut (Vokal) ändert sich

Das wende ich beim Rechtschreiben an.	Da kann ich Bücher stapeln.
Regel	

ein kleiner Fluss	etwas zum Lesen

ein Haustier	ein Körperteil

Er wächst im Wald.	So heißt die Haut einiger Tiere.

eine Verwandte	blaue Flüssigkeit zum Schreiben

Damit misst du die Zeit.	Damit hörst du.

Das leuchtet nachts am Himmel.	Das ist ein Teil deines Gesichts.

ein Nahrungsmittel aus Getreide	Nachwuchs der Fische

Darin lebten früher die Ritter.	Der hat einen Gipfel.

Der feine Unterschied:
Nur ein Mitlaut (Konsonant) ändert sich

Damit zahlst du. — Darauf wächst Getreide.
Geld _____ _____

ein Tier mit langen Ohren — ein Körperteil

So heißt ein junges Schaf. — Damit bringst du deine Frisur in Ordnung.

Mädchen und Jungen — Kühe und Ochsen

Da wachsen Gras und Blumen. — Das ist eine große Märchengestalt.

ein Wassertier — ein Möbelstück

ein Nadelbaum — eine Verwandte

Das brauchst du zum Stricken. — Das siehst du am Himmel.

Das wird geknetet und gebacken. — So heißt ein Stück vom Ganzen.

Das schlägst du in die Wand. — Das siehst du auf deinem Bauch.

Nur ein Buchstabe mehr ...

Aus der **Eule** wird eine schmerzhafte Verletzung, wenn du dich angestoßen hast.	Beule
Aus dem kleinen Wörtchen **und** wird ein Haustier.	
Aus dem **Reis** wird etwas Rundes.	
Aus dem Wort **rund** wird der Boden eines Sees.	
Aus dem **Tau** wird eine lange Autoschlange.	
Aus dem Wörtchen **sein** wird etwas sehr Hartes.	
Aus dem Wort **fein** wird ein Gegner.	
Aus dem **Arm** wird ein Organ, in dem die Nahrung verdaut wird.	
Aus **alt** wird das Gegenteil von **warm**.	
Aus dem Wörtchen **alle** wird ein Ding, mit dem man Mäuse fängt.	
Aus **Eis** wird eine Getreidesorte.	
Aus **Eisen** wird ein anderes Wort für **in den Urlaub fahren**.	
Aus dem **Teig** wird ein schmaler Weg.	
Aus dem Wörtchen **aus** wird ein Ungeziefer.	
Aus dem Wort **sollen** wird ein feines Weihnachtsgebäck.	
Aus **Erz** wird ein lebenswichtiges Organ.	
Aus der Farbe **Rot** wird ein wichtiges Nahrungsmittel.	
Aus dem **Raum** wird etwas, das du beim Schlafen erlebst.	
Aus dem Wort **sehen** wird das Gegenteil von **laufen**.	

Und noch ein kniffliger Wortzauber …

Aus der **Haube** wird zuerst ein Vogel. Tausche noch einen Mitlaut (Konsonanten) aus und du erhältst ein christliches Fest.

Haube → *Taube* → T_____

Aus dem **Horn** wird das Gegenteil von hinten. Daraus wird ein Getreide. Ändere nun einen Selbstlaut (Vokal) und du erhältst das, was du in einem Apfel findest.

Horn → _____ → _____ → _____

Aus der **Maus** wird ein Ungeziefer. Daraus wird etwas, das am Baum hängt. Daraus wird ein Wiewort (Adjektiv), das beschreibt, wenn jemand nicht hören kann. Füge nun einen Mitlaut (Konsonanten) hinzu und du erhältst kleine Schmutzteilchen.

Maus → _____ → _____ → _____ → _____

Aus dem Seil wird ein anderes Wort für **Hacke**. Tausche nun einen Mitlaut (Konsonanten) aus und du erhältst ein Körperteil. Ändere den ersten Buchstaben und ein anderes Wort für **lecker** entsteht. Ersetze nun einen Selbstlaut (Vokal) durch einen Mitlaut (Konsonanten) und du bekommst das Gegenteil von **nah.**

Seil → _____ → _____ → _____ → _____

Ersetze den ersten Buchstaben von **Kiste** und du erhältst eine Aufzählung. Ändere nochmals den ersten Buchstaben und vor dir steht ein anderes Wort für Skihang. Nun tauschst du noch einen Selbstlaut (Vokal) aus und du erhältst ein anderes Wort für Creme.

Kiste → _____ → _____ → _____

Aus der **Tante** wird ein Nadelbaum. Der Baum wird zum Müllbehälter, der sich am Ende in einen sehr heißen Stern verwandelt.

Tante → _____ → _____ → _____

Sonderbar, sonderbar …

Das hat der Tisch und kann doch nicht damit weglaufen.
_____

Das hat der Fluss und kann sich doch nicht darin ausruhen.
_____

Diese Schlange hat eine Sehhilfe.
_____

Dieser Pinguin hat eine Krone und doch weder Palast noch Untertanen.
_____

Dieser Fisch ist angeblich aus einem wertvollen Metall und kostet doch nicht viel.
_____

Da lernen Pflanzen etwas.
_____

Dieser Käfer trägt ein Geweih.
_____

Diese Lilie hat eine Waffe, mit der sie sich aber nicht verteidigen kann.
_____

Dieses Tier wohnt im Gebirge und hat eine Murmel, mit der es niemals spielt.
_____

Riesenwurm-Wörter

Der zweite Teil des zusammengesetzten Namenwortes (Nomens) ist immer der Anfang des nächsten zusammengesetzten Namenwortes. Schreibe alles in Großbuchstaben.

eine Hütte auf dem Baum	Eingangstür	Da steckst du den Schlüssel hinein.	Garten um den Palast herum	Da stehen viele Autos.

BAUMHAUSTÜRSCHLOSS

kalte Leckerei aus roten Früchten	Erhebung aus gefrorenem Wasser	Damit fährst du bis zum Gipfel.	Da stehen viele Züge.	eine edle Frau in einem Palast

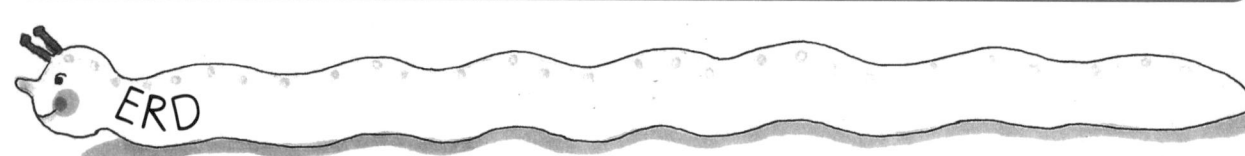
ERD

Ein Quartett ist ein …	Da gibt es viele Spielgeräte für Kinder.	ein heftiger Schauer	Sie ändern ständig ihre Form, sind grau und stehen am Himmel.	So nennt man sehr hohe Häuser.

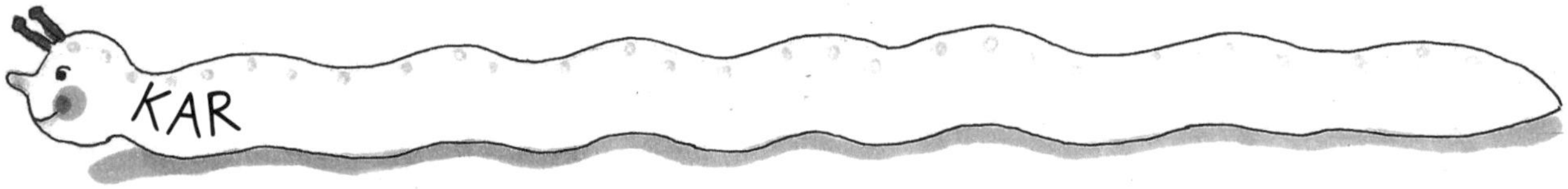

KAR

Wenn jemand sehr schimpft, gibt es ein …	Dieses Tier soll das Wetter voraussagen können.	Ein kleines Gewässer ist ein …	Diese Pflanzen wachsen auf der Wasseroberfläche.	Geruch einer schönen Blume

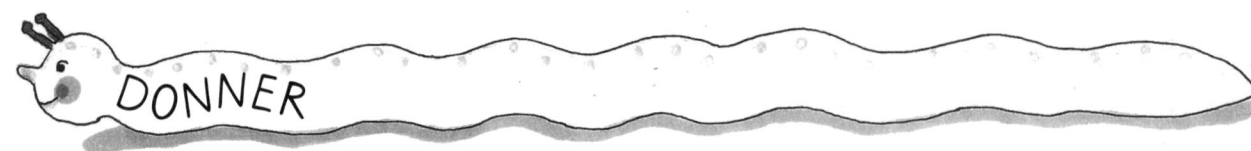
DONNER

gesundes, heißes Getränk	Das hängst du in eine Tasse und übergießt es mit heißem Wasser.	Diese Tierart lebt in Australien.	eine Sendung über Lebewesen	jemand, der durch das Kino oder das Fernsehen berühmt geworden ist

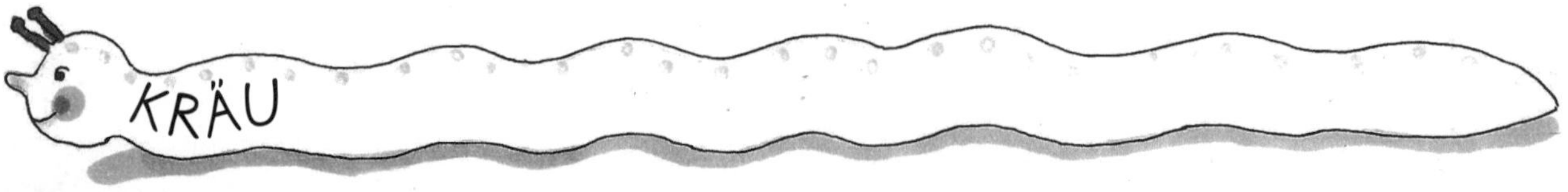

KRÄU

Schneckensuchsel 1

In jedem Schneckenhaus hat sich eine Pflanze versteckt! Beginne in jedem Schneckenhaus entweder von außen oder von der Mitte aus mit dem Lesen. Schreibe das gesuchte Wort auf.

_____

_____

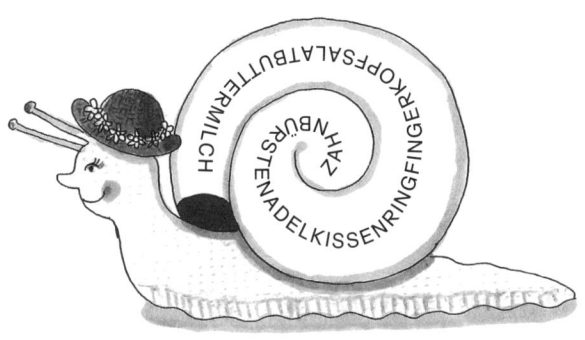

_____

_____

_____

_____

_____

_____

Schneckensuchsel 2

In jedem Schneckenhaus hat sich ein Begriff versteckt, der nicht dazu passt. Beginne in jedem Schneckenhaus entweder von außen oder von der Mitte aus mit dem Lesen. Schreibe das gesuchte Wort auf.

_____ _____

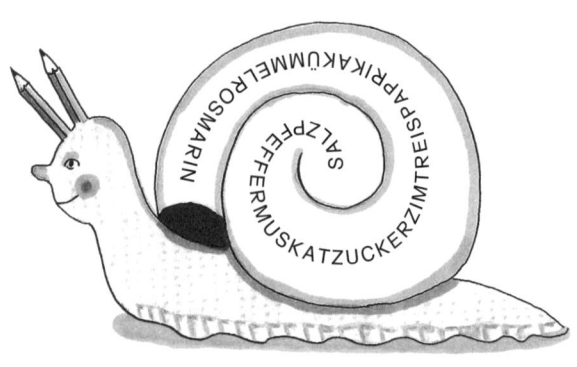
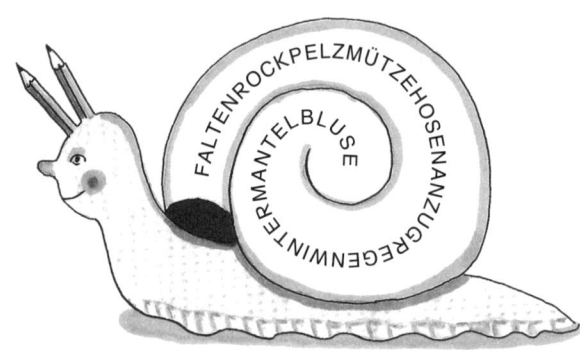

_____ _____

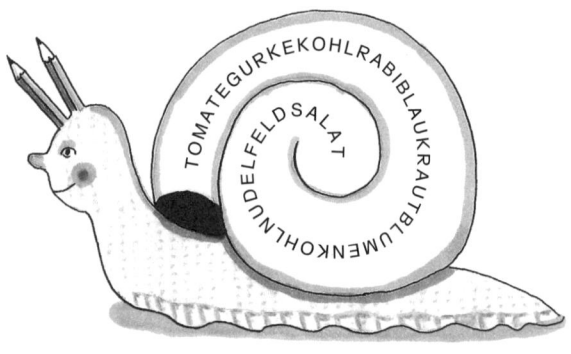
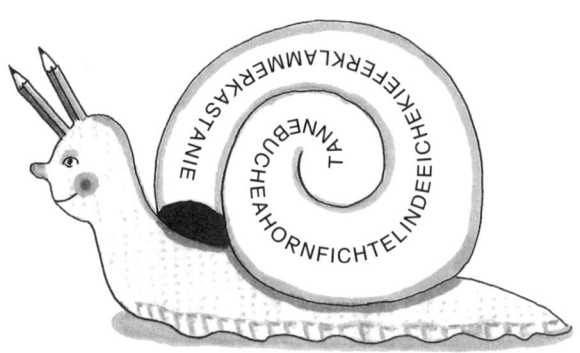

_____ _____

_____ _____

Name: Datum:

Was hat das Känguru in seinem Beutel?

Kannst du alle Wörter lesen? Schreibe die Wörter auf.

Name: Datum:

Lauter Sprücheklopfer!

Finde die passenden Satzteile. Male sie in der gleichen Farbe an.
Achtung! Es haben sich auch einige falsche Steine eingeschmuggelt.

- Wer nicht hören will,
- vom Himmel gefallen.
- Früher Vogel
- Frisch gewagt
- Morgenstund' hat
- Reden ist Silber,
- Geld im Mund.
- muss fühlen.
- kurze Beine.
- muss hören.
- krumme Beine.
- fängt die Mücke.
- Schweigen ist Silber,
- Lügen haben
- ist halb gewonnen.
- Gold im Mund.
- ist schon gewonnen.
- Es ist noch kein Meister
- Es ist noch kein Lehrling
- fängt den Wurm.
- Schweigen ist Gold.

Name: Datum:

Bachstubenverwuchsleng

Erkennst du diese Wörter noch?

Nur Selbstlaute tauschen Platz!

Füllmetze	Fellmütze
Schriebenzauher	
Geldhomstar	
Guscherrtich	
Faßbolltur	
Wehnzommersissel	
Sinnenschärmstonder	
Üpfelbamblaute	
Oprukasenkichen	
Fehrrudpampa	
Tepfpflonza	
Rautsaläfgebe	
Geldfoschbicken	
Gustahendtäch	
Nihmäschane	
Scheikelodanos	
Zotrinanfelter	
Sannteigszutong	
Türressentar	
Tuschanehr	
Kurchtirmspetzi	
Daunisieror	

© Oldenbourg Schulbuchverlag GmbH, Lese-Rätsel, 3. und 4. Schuljahr

Stuchbabenwerlechsvung

Erkennst du diese Wörter noch?

Nur Mitlaute wechseln den Platz!

Taubenhaucher	Haubentaucher
Kraßenstreuzung	
Dirkuszirektor	
Beinstrücke	
Kreuselstuchen	
Flegelsugzeug	
Triefbasken	
Muppensegüse	
Schreichstolzhachtel	
Greppenleländer	
Meferdäppchen	
Korzenkieher	
Delbgeutel	
Schwafeltamm	
Laschentadenker	
Wadebanne	
Nabanenlasche	
Kahrschartenfalter	
Fachdenster	
Plaschenfost	
Tischfröbchen	
Lügebeisen	

18

© Oldenbourg Schulbuchverlag GmbH, Lese-Rätsel, 3. und 4. Schuljahr

Name: _____ Datum: _____

Hoppla, da fehlt doch einer!

Schreibe immer auf, welcher Buchstabe fehlt.

Hauptstaße ☐
Nachtfater ☐
Wildkate ☐
Hasensall ☐
Festerladen ☐
Springaus ☐
Figerring ☐
Wanbehang ☐
Kraführer ☐

_ i _ _ o e _ _ i _ o _ a _ e

Wenn du die fehlenden Buchstaben richtig anordnest, erhältst du ein Getränk, das viele Kinder mögen.

Nanu, einer zu viel an Bord!

Streiche immer den Buchstaben durch, der zu viel ist. Schreibe ihn dann in das Kästchen.

Strandhoteil

Bienensteich

Tretoroller

Schokoladengauss

Reingelnatter

Baushaltestation

Weinterstiefel

Segelflaugzeug

_ p r _ k _ s _ n m _ r m _ l _ d _

Wenn du die überflüssigen Buchstaben richtig anordnest, erhältst du einen Brotaufstrich.

Name: _____ Datum: _____

Moment mal, da stimmt etwas nicht!

Findest du alle Tippfehler?
Kreise den falschen Buchstaben ein und schreibe die Wörter richtig daneben.

Zitranenfalter
Steinfrepppe
Lichtschaller
Limomade
Wurstbröschen
Automobel
Krautsalut
Badewenne
Ritlerrüstung
Vollmand

_ _ _ _ _ _ _ _

Wenn du die eingekreisten Buchstaben richtig anordnest, erhältst du einen Gegenstand, mit dem man kleine Tiere fängt.

Name: _____   Datum: _____

Wer zaubert die meisten neuen Wörter?

Lass von der **Katze** den letzten Buchstaben weg. Tausche den Selbstlaut (Vokal) durch einen anderen Selbstlaut (Vokal) aus. Simsalabim! Du erhältst ein süßes Tier-Baby.	K
Lass von der **Taste** den letzten Buchstaben weg. Ersetze einen Mitlaut (Konsonanten) durch einen anderen Mitlaut (Konsonanten). Simsalabim! Fertig ist ein wichtiger Teil eines Schiffes.	
Tausche vom **Bart** den ersten Buchstaben aus. Hänge einen Selbstlaut (Vokal) an. Hokuspokus, fertig ist etwas, das du verschicken kannst.	
Lass vom **Kuchen** die letzten beiden Buchstaben weg. Ersetze dann den Anfangsbuchstaben. Hokuspokus! Vor dir liegt etwas, das du lesen kannst.	
Ersetze den letzten Buchstaben der **Braut** durch seinen Vorgänger im Alphabet. Hänge noch einen Selbstlaut an. Simsalabim! Vor dir steht eine prickelnde Erfrischung.	
Tausche vom **Berg** den Selbstlaut (Vokal) aus. Ersetze dann den letzten Buchstaben durch einen anderen Mitlaut (Konsonanten). Upps, was wächst dir denn da im Gesicht?	
Lass vom **Wasser** die letzten beiden Buchstaben weg. Häng dann den Buchstaben an, der dem **N** im ABC folgt. Verändere nun den Anfangsbuchstaben und du kannst Tiere fangen.	
Ersetze den Anfangsbuchstaben von der **Hummel** durch einen S-Laut. Ändere einen der beiden Selbstlaute. Fertig ist ein wunderschönes Reittier.	
Schneide von den **Ohren** die letzten beiden Buchstaben ab. Tausche dann den Selbstlaut (Vokal) aus. Simsalabim, schon hast du einen neuen Zeitmesser.	

Name: Datum:

Was gehört nicht dazu?

Welche Wörter passen nicht zum Haus? Streiche durch.

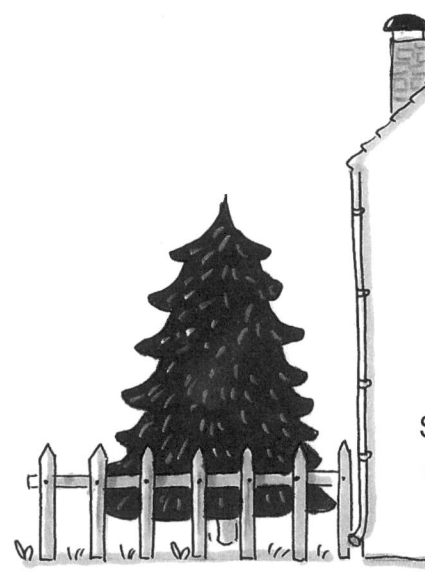

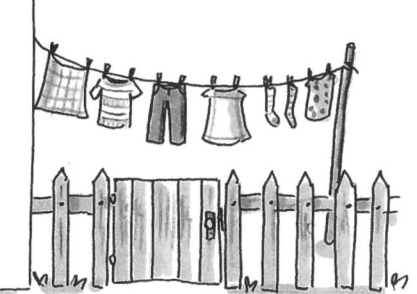

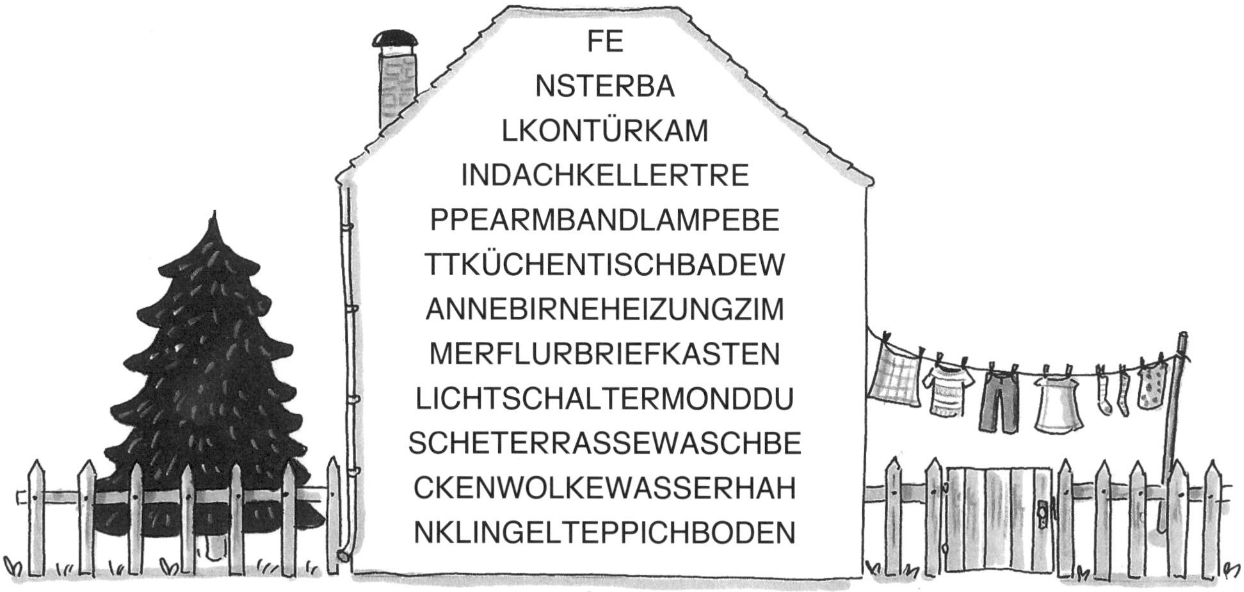

FE
NSTERBA
LKONTÜRKAM
INDACHKELLERTRE
PPEARMBANDLAMPEBE
TTKÜCHENTISCHBADEW
ANNEBIRNEHEIZUNGZIM
MERFLURBRIEFKASTEN
LICHTSCHALTERMONDDU
SCHETERRASSEWASCHBE
CKENWOLKEWASSERHAH
NKLINGELTEPPICHBODEN

Was passt nicht zum Wald? Streiche durch.

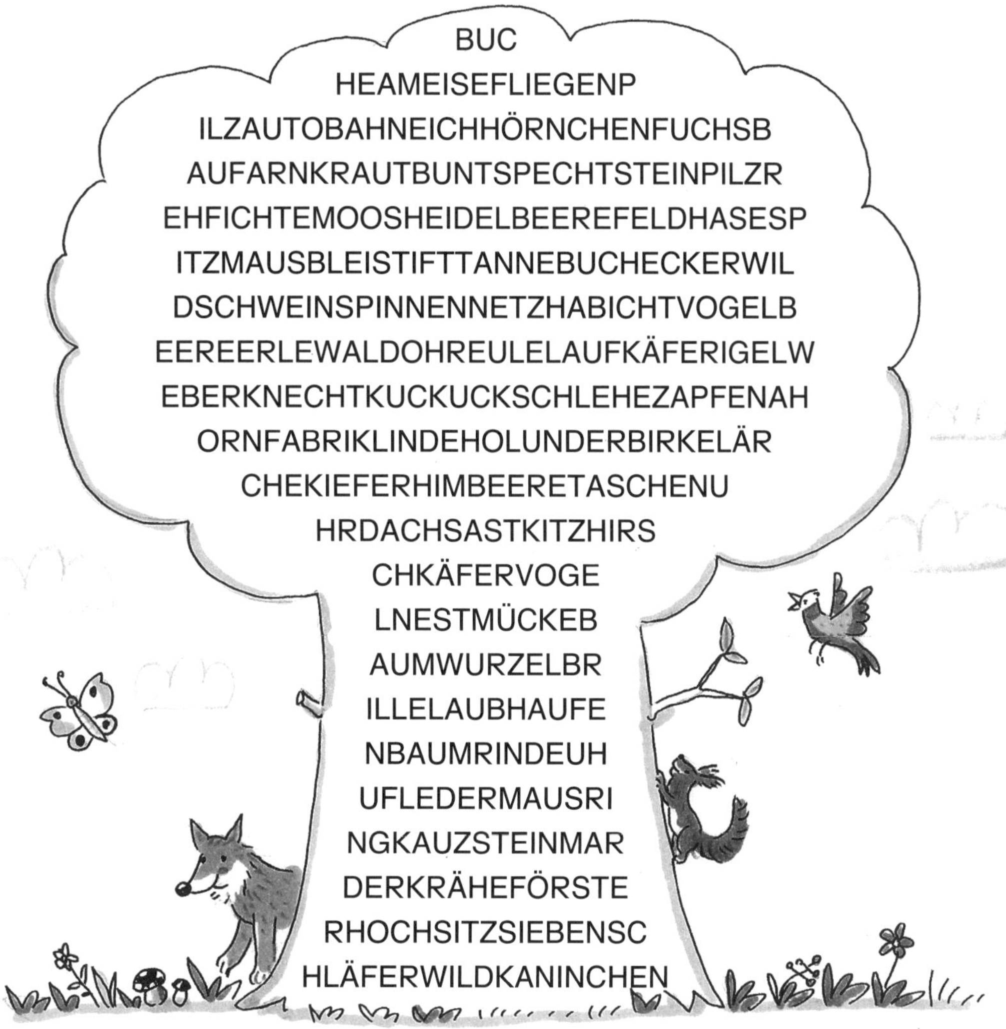

BUC
HEAMEISEFLIEGENP
ILZAUTOBAHNEICHHÖRNCHENFUCHSB
AUFARNKRAUTBUNTSPECHTSTEINPILZR
EHFICHTEMOOSHEIDELBEEREFELDHASESP
ITZMAUSBLEISTIFTTANNEBUCHECKERWIL
DSCHWEINSPINNENNETZHABICHTVOGELB
EEREERLEWALDOHREULELAUFKÄFERIGELW
EBERKNECHTKUCKUCKSCHLEHEZAPFENAH
ORNFABRIKLINDEHOLUNDERBIRKELÄR
CHEKIEFERHIMBEERETASCHENU
HRDACHSASTKITZHIRS
CHKÄFERVOGE
LNESTMÜCKEB
AUMWURZELBR
ILLELAUBHAUFE
NBAUMRINDEUH
UFLEDERMAUSRI
NGKAUZSTEINMAR
DERKRÄHEFÖRSTE
RHOCHSITZSIEBENSC
HLÄFERWILDKANINCHEN

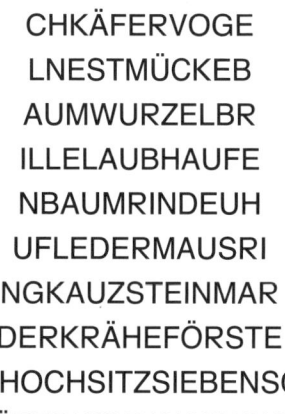

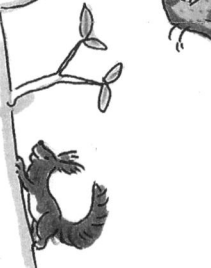

Wortsalat

Weißt du, wie die Wörter richtig heißen? Schreibe sie auf.

Getoauschlan	*Autoschlange*
Radsterham	
Schoprikapate	
Peschenlamta	
Senfenblasei	
Schweskenterkran	
Lizistpo	
Matento	
Schazilenentro	
Mühtreigelede	
Schedertale	
Standigargenen	
Liepesiter	
Kehkarermin	
Lendasan	
Nalimode	
Genkerewol	
Depfertelsat	
Nerschentarech	
Loserwasneme	

Name: Datum:

Immer zwei dicke Wörterfreunde

Hier haben sich immer zwei zusammengesetzte Namenwörter (Nomen) versteckt. Findest du sie? Schreibe sie auf.

Purzelbaumschmuck	*Purzelbaum – Baumschmuck*
Riesenschlangenlinien	
Türschlossgarten	
Froschkonzertkarte	
Trommelwirbelsturm	
Weitsprungturm	
Trinkglastür	
Plastikflaschenhals	
Unterwäscheklammer	
Fuchsbauklötze	
Brillenbügeleisen	
Löwenzahnlücke	
Manteltaschenlampe	
Knopflochmuster	
Haferstrohblumen	
Schwanzfedervieh	
Bachlaufente	
Maultaschenuhr	
Badehosenanzug	

© Oldenbourg Schulbuchverlag GmbH, Lese-Rätsel, 3. und 4. Schuljahr

Name: Datum:

Wer fehlt denn da?

In jedem zusammengesetzten Namenwort (Nomen) fehlt ein Buchstabe.
Schreibe die Wörter richtig auf.

Hemdkopf	
Mauersein	
Wassertopfen	
Blattaus	
Alpraum	
Weintaube	
Sonnenstahl	
Stachelschein	
Reisschild	
Blinddam	
Mückenlage	
Sommerleider	
Rohrbuch	
Leserille	
Waldband	
Reißverschuss	
Schiffsast	
Handasche	
Regalbett	
Laschenpost	

Vorsicht, blinder Passagier!

In jedem zusammengesetzten Namenwort (Nomen) ist ein Buchstabe zu viel. Schreibe die Wörter richtig auf.

Kirchturmspritze	
Ringeltraube	
Klassentraum	
Salatknopf	
Kerzenschwein	
Preisbrei	
Lausgang	
Waldbeule	
Skibrennen	
Niederplage	
Mitkleid	
Grabentisch	
Tierbruch	
Rohrring	
Haarbrand	
Pferdedrücken	
Darmbanduhr	
Mastloch	
Federbrett	
Strahlträger	

Name: Datum:

Wer ist denn da gemeint?

Wer wirft mit den Scheinen? → *der Scheinwerfer*

Wer eicht die Steine?	die
Wer haust im Rat?	das
Wer stützt das Buch?	die
Wer blecht das Fenster?	das
Wer meistert die Bürger?	der
Wer ringt mit den Meisen?	der
Wer köpft den Salat?	der
Wer zieht mit den Schrauben weg?	der
Wer deckelt den Kanal?	der
Wer schult den Baum?	die
Wer schaltet das Geld aus?	der
Wer deckt das Zimmer fein?	die
Wer müllt den Eimer zu?	der
Wer isst den Löffel?	der
Wer lockt den Wickler?	der
Wer seift das Bad ein?	die
Wer führt die Reise an?	der

28

© Oldenbourg Schulbuchverlag GmbH, Lese-Rätsel, 3. und 4. Schuljahr

Ein komplett verrücktes Haus!

Großmütze Hanna sitzt im Lampenstuhl und häkelt sich gerade eine schicke Wollmutter. Da läutet es an der Papptür. Es ist der Bienenträger, der ihr einen riesigen Hauskarton und eine Feuerkarte von ihrer Apfelschwester Anna bringt. Neugierig packt Oma aus: ein Glas Briefhonig, ein Bilderbrot, ein Schaukelschirm und ein Taschenpudding.

Schon am Nachmittag will Anna kommen. Da wird es höchste Zeit, alles für die Feier vorzubereiten. Schließlich kann Oma ihrem Gast nicht nur ein Butterlexikon anbieten. Erst backt Hanna einen Zwillingskuchen. Dann kocht sie Schokoladenkalender und bereitet einen Blumensalat zu. Am Ende kocht sie eine scharfe Gemüsetür und stellt den Gänseofen in den Backbraten.

Zum Glück wird noch alles rechtzeitig fertig. Punkt drei Uhr steht Anna mit einem prächtigen Obststrauß an der Gartensuppe. Das Essen schmeckt hervorragend. Allein die Suppe war so feurig, dass sie beinahe einen Geburtstagslöscher gebraucht hätten.

Unterstreiche die 22 lustigen Wörter. Setze sie dann richtig zusammen.

So muss es richtig heißen:

Großmutter

Ein Rezept von der Schussel-Hexe gegen Langeweile

Rezept

Du brauchst:
- zehn Bandeier, hart gekocht
- fünfzehn Krokodilsbeinchen ohne Härchen
- drei Esslöffel braunen Mäuseschleim
- einen halben Liter frische Spinnentränen
- einen halben Froschwurm, fein gehackt
- sieben Schlangenfüßler im Ganzen
- vier Fischzähne, frisch gezogen
- zwei Krötenschwänze, gut gewaschen
- eine frische Tausendhaut
- ein Kilogramm Rattengräten

Das Ganze zwölf Stunden auf kleiner Flamme kochen lassen und zum Schluss pikant mit Pfeffer und Paprika abschmecken. Guten Appetit!

Da hat die Hexe doch einiges durcheinandergebracht.
Was könnte sie gemeint haben?

zehn _____Froscheier_____, hart gekocht

fünfzehn _____ ohne Härchen

drei Esslöffel braunen _____

einen halben Liter frische _____

einen halben _____, fein gehackt

sieben _____ im Ganzen

vier _____, frisch gezogen

zwei _____, gut gewaschen

eine frische _____

ein Kilogramm _____

Doppelt gemoppelt!

In jedem Unsinnswort haben sich zwei Namenwörter (Nomen) versteckt. Findest du sie?

Kartoffelsen	Kartoffel – Felsen
Diamantel	
Paprikarte	
Kordelster	
Torteer	
Adlerche	
Klingeld	
Gartende	
Blumensch	
Ofenster	
Tantenne	
Gürteller	
Palmeer	
Bürstern	
Schranker	
Vogeld	
Heizunge	
Dackeltern	
Kofferkel	
Spitzelt	

Namenwörter (Nomen) spielen Verstecken

Entdeckst du alle versteckten Namenwörter (Nomen)?
Schreibe sie mit Begleiter (Artikel) auf.

BEIN	das Ei
SCHWEIN	
BALL	
STEIG	
FLASCHE	
RINDER	
BRILLE	
SAAL	
EISEN	
KLEBER	
KREISEL	
SCHERZ	
SCHACHTEL	
AUTOMATEN	
GLOBUS	
FLIEGER	
PERLE	
BOHRER	
PFLANZE	
WAFFE	

Name: Datum:

Falsche Grenzen!

Kannst du die Sprüche trotzdem noch lesen? Schreibe sie richtig darunter.

GEL EGE NHE ITM ACH TDI EBE.

Gelegenheit

EH RLIC HWÄ HRTA MLÄN GST EN.

ESI STNO CHKEI NMEIS TERVO MHIMME LGEF ALLEN.

MOR GENS TUNDH ATGO LDIMM UND.

VI ELEK ÖCH EVE RDER BEND ENB REI.

NE UEB ESE NKEH RENG UT.

HU NGE RISTD ERB ES TEK OCH.

GU TERR ATIS TTE UER.

Name: _____ Datum: _____

Alles rückwärts!

Kannst du das lesen? Schreibe die kurzen Geschichten auf.

".NESSOLHCSEG HCILRÜTAN„ :THCAL ZNARF. NLESHCA EID TKCUZ XAM
"?ELUHCS ELAEDI EID TSI EIW„ :XAM DNUERF NENIES TGARF ZNARF

___

.TAH THCAMEG THCIN NAM SAD ,NEDREW TFARTSEB STHCIN RÜF NNAK
NAM NNED .NEGROS ENIEK HCIS EIS THCAM MEDZTORT .THCAMEG
NEBAGFUASUAH ENIEK TAH ASIL

___

".NREGNÄLREV EIS NAM SSUM BLAHSED .NESUAP EID DNIS NETSNÖHCS MA„
:TETROWTNA ANEL "?LLOT ELUHCS RED NA TSI SAW„ :ANEL TGARF AMO EID

___

ESIERP EGIDRÜWKREM:
ZTASFUA NETSEB SAMAM RÜF LETITRETSIEM – ESUAP RED NI NESSE
SEIERFLLAFNU RHAJ NIE RÜF ELLIADEMDLOG – NEUAHCSBA
SEIERFRELHEF RÜF GNUNHCIEZSUA

Name: _____ Datum: _____

Redensarten in Känguru-Sprüngen

Wie heißen die Sätze richtig? Zeichne ein, wie die Kängurus gesprungen sind.
Jedes ☐ ist ein Wort. Schreibe die Redensarten dann auf.

.HOSE DIE IN HERZ
DAS ANGST LAUTER VOR
RUTSCHT IHM

Ihm rutscht _____

GUTEN EINEM MIT
MAN KANN FREUND
.STEHLEN PFERDE

_____

MAN AN DIE
SOLL NICHT WAND
DEN TEUFEL MALEN.

_____

HEUTE IST SIE
MORGEN WIEDER MIT
BEIN LINKEN DEM
AUFGESTANDEN.

_____
_____

Schlangensätze

Wenn du die Kästen schlangenförmig verbindest, kannst du den Satz lesen.
Schreibe die Sätze auf den Block.

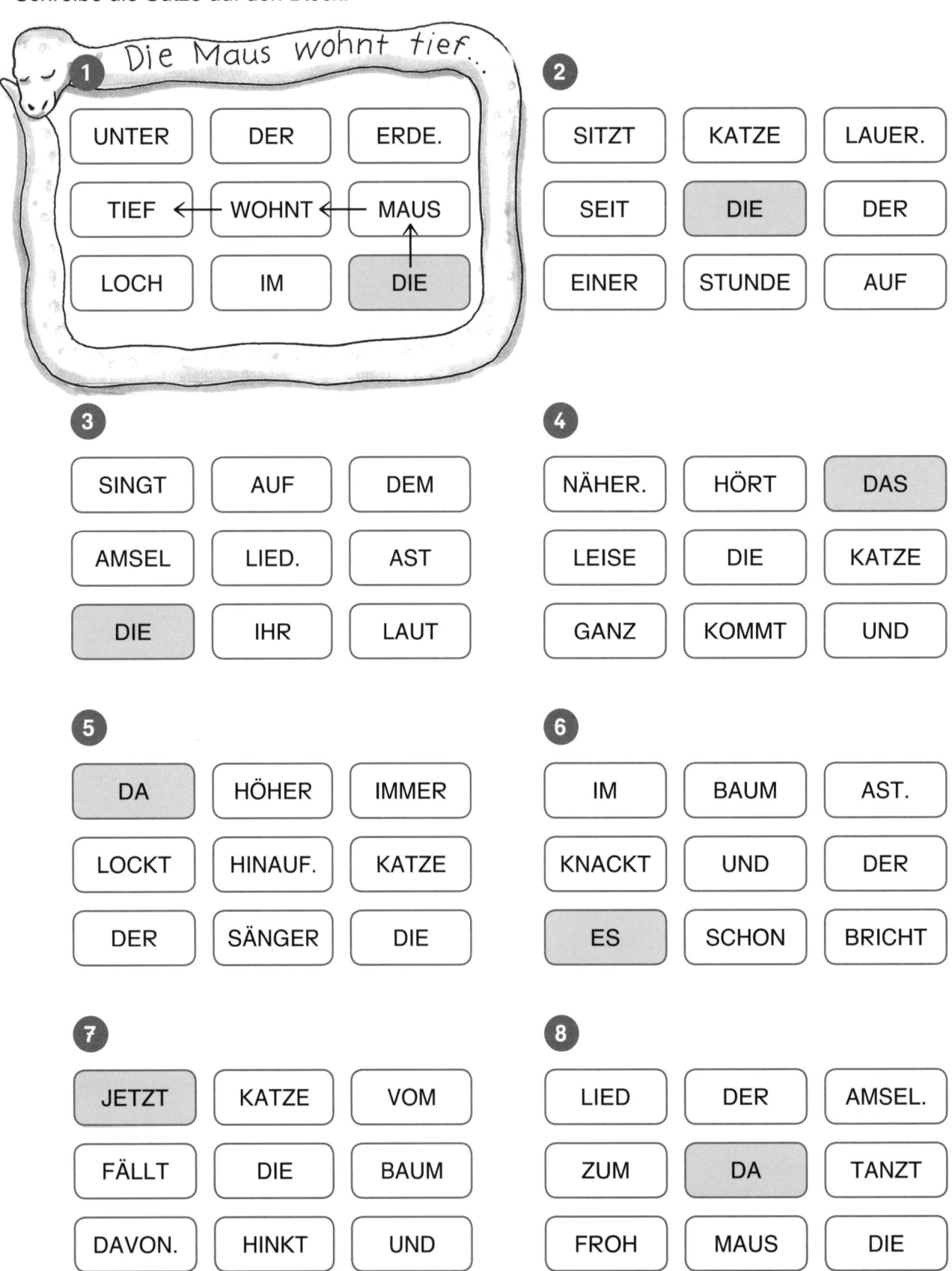

1. Die Maus wohnt tief unter der Erde. ... TIEF ← WOHNT ← MAUS / LOCH – IM – DIE

2. SITZT – KATZE – LAUER. / SEIT – DIE – DER / EINER – STUNDE – AUF

3. SINGT – AUF – DEM / AMSEL – LIED. – AST / DIE – IHR – LAUT

4. NÄHER. – HÖRT – DAS / LEISE – DIE – KATZE / GANZ – KOMMT – UND

5. DA – HÖHER – IMMER / LOCKT – HINAUF. – KATZE / DER – SÄNGER – DIE

6. IM – BAUM – AST. / KNACKT – UND – DER / ES – SCHON – BRICHT

7. JETZT – KATZE – VOM / FÄLLT – DIE – BAUM / DAVON. – HINKT – UND

8. LIED – DER – AMSEL. / ZUM – DA – TANZT / FROH – MAUS – DIE

Name: _____ Datum: _____

Satzkreisel

In jedem Kreis ist ein Satz versteckt. Achtung, die Leserichtung ist unterschiedlich!
Weißt du, um welche Märchen es sich handelt? Schreibe auf.

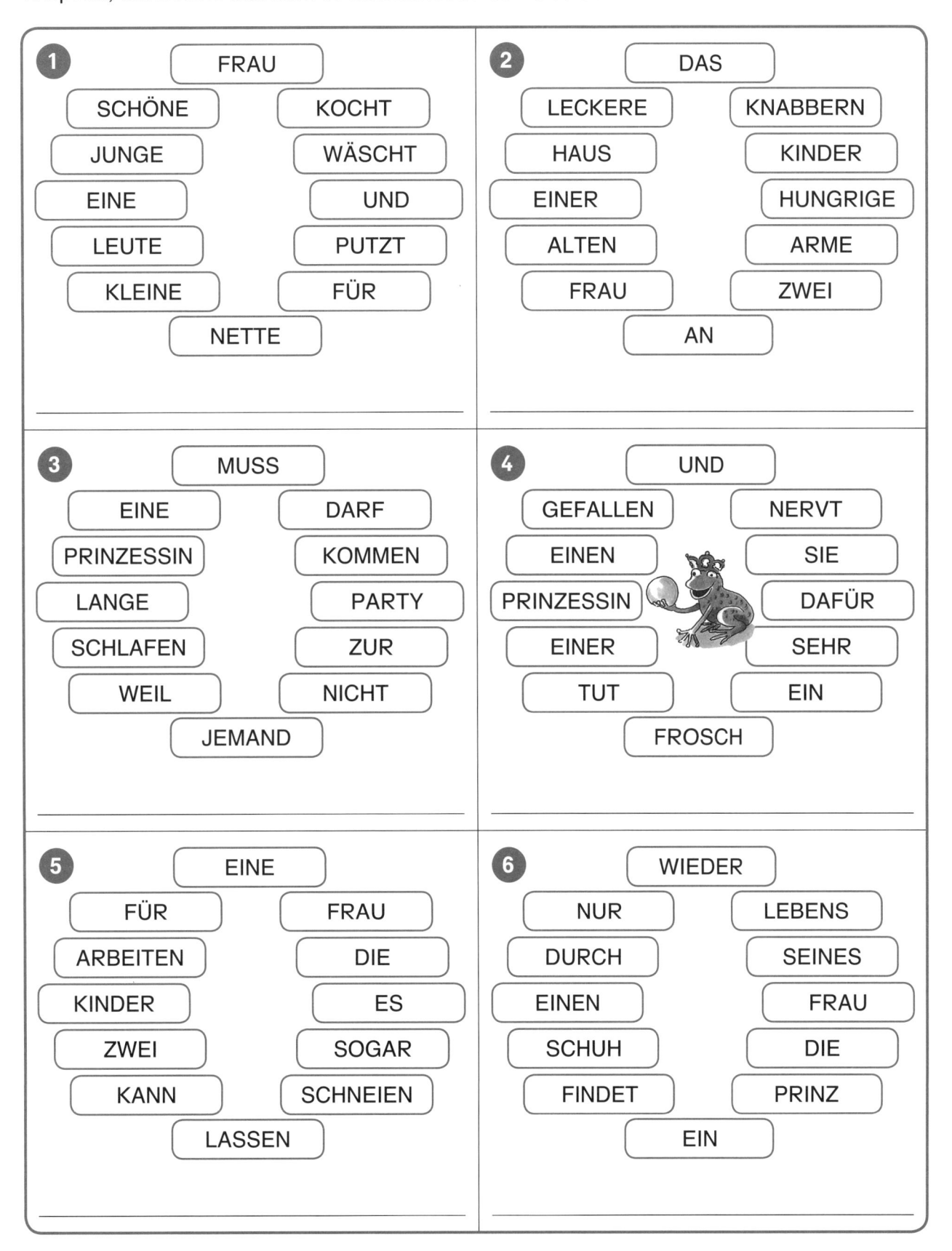

1
FRAU
SCHÖNE   KOCHT
JUNGE   WÄSCHT
EINE   UND
LEUTE   PUTZT
KLEINE   FÜR
NETTE

2
DAS
LECKERE   KNABBERN
HAUS   KINDER
EINER   HUNGRIGE
ALTEN   ARME
FRAU   ZWEI
AN

3
MUSS
EINE   DARF
PRINZESSIN   KOMMEN
LANGE   PARTY
SCHLAFEN   ZUR
WEIL   NICHT
JEMAND

4
UND
GEFALLEN   NERVT
EINEN   SIE
PRINZESSIN   DAFÜR
EINER   SEHR
TUT   EIN
FROSCH

5
EINE
FÜR   FRAU
ARBEITEN   DIE
KINDER   ES
ZWEI   SOGAR
KANN   SCHNEIEN
LASSEN

6
WIEDER
NUR   LEBENS
DURCH   SEINES
EINEN   FRAU
SCHUH   DIE
FINDET   PRINZ
EIN

© Oldenbourg Schulbuchverlag GmbH, Lese-Rätsel, 3. und 4. Schuljahr

Versteckte Sätze

Fünf Wörter kommen immer nur einmal vor. Alle anderen sind doppelt. Bilde aus den Wörtern, die nur einmal vorkommen, einen Satz.

1

ZEHE	ZIEGEL	ZEHN	ZUM	ZAHN
ZEIGEN	ZEIGER	QUALLE	QUELLE	ZU
ZIEGEN	QUECKE	ZEHE	ZUR	ZEIGER
ZU	ZUM	ZIEGEL	ZEIGEN	ZIEHEN
ZAHN	ZIEHEN	QUECKE	QUALLE	ZOGEN

Zehn Ziegen zogen zur Quelle.

2

TRANK	SACK	TINTE	TANNE	TRINKT
GERN	GARN	TANKT	GELD	LINA
LINA	TANNE	TANTE	GARN	SEKT
TANKT	GELD	SEKT	SAFT	TIMO
TINA	TIMO	TRANK	SACK	TINTE

Tante Tina trinkt gern Saft.

3

PFERDE	NEIN	PFEIFE	TRAUBEN	MEIN
PFEILE	TRAUBEN	ZUR	TRABEN	FLUG
ZAUN	MEIN	ZUM	TRABTEN	PFEIFE
FLUSS	TRABTEN	PFEILE	NEIN	FLUR
FLUG	FLUR	ZUR	NEUN	ZAUN

Neun Pferde traben zum Fluss.

4

EINEN	EINER	KLAUTEN	BEEREN	HONIGBROT
BÄNKE	BÄREN	BREI	HONIGZOPF	EINEM
EINEM	KLAREN	BÄNKE	KLAUEN	DREI
BREI	HONIGZOPF	EINER	HONIGTOPF	DER
BEEREN	DER	HONIGBROT	KLAREN	KLAUTEN

Drei Bären klauen einen Honigtopf.

Name: _____ Datum: _____

Noch ein Versteck für einen Satz

Hier hat sich ein langer Satz in einer Schlange versteckt. Die Wörterschlange kriecht kreuz und quer durch den Buchstabendschungel. Male den Satz farbig an. Welches Tier ist gemeint?

Tipp: Lies von oben nach unten und umgekehrt. Manchmal musst du auch von rechts nach links lesen.

1 Diese Wörterschlange hat 17 Wörter.

E	S	S	R	T	I	M	M	W	I	S	T	T	R	E	T	N	I	W	N	E	D	R
I	N	W	F	Ü	V	E	R	K	I	S	F	L	I	S	O	P	Ü	N	N	A	R	Ü
E	Z	R	E	K	L	E	P	P	O	R	D	E	M	N	I	W	L	U	Z	R	Q	F
W	H	I	R	B	E	E	S	U	K	L	T	Q	I	B	J	L	T	N	Ü	S	S	E
I	O	P	Ü	M	N	N	A	S	I	O	P	E	W	I	K	L	K	B	M	M	V	E
T	E	I	N	E	N	B	U	S	C	H	I	G	E	N	N	I	C	H	X	I	T	T
A	N	N	R	I	V	E	R	T	I	S	S	E	R	S	G	I	E	U	G	E	S	T
H	I	F	L	U	G	W	A	S	T	I	E	N	N	C	H	R	T	K	L	E	N	N
T	E	E	R	B	E	U	S	T	I	H	N	E	T	H	A	M	S	E	R	W	E	R
S	S	F	Z	U	I	P	P	E	E	S	T	E	R	W	A	N	R	Z	E	J	E	R
A	M	U	S	T	I	N	N	E	K	H	E	R	B	A	N	I	E	G	E	N	W	E
U	Z	T	S	A	N	S	A	T	T	Ü	B	E	Q	N	A	D	V	E	R	S	T	I
T	E	R	T	I	O	T	T	E	M	P	F	E	R	Z	U	N	D	E	R	G	A	N
R	I	T	T	E	V	O	S	T	I	F	L	E	I	K	E	R	N	I	M	I	O	B
G	R	E	E	T	K	N	I	L	F	T	T	W	I	P	O	L	G	E	R	S	T	I

_____

2 Diese Wörterschlange hat insgesamt 16 Wörter.

S	I	N	S	E	K	T	E	N	T	I	N	Z	U	R	K	I	T	A	S	E	S
T	U	N	F	I	C	H	R	E	R	T	I	S	S	E	L	Ä	U	T	I	I	R
H	U	N	L	E	R	T	E	U	S	N	E	T	N	U	H	I	M	Q	E	K	L
C	H	E	N	J	I	C	K	E	S	I	N	E	T	Z	C	H	W	I	H	N	N
A	A	R	G	E	R	T	I	R	S	N	U	W	E	N	A	V	E	R	Ä	T	T
N	U	I	M	S	E	R	Z	I	P	E	E	W	K	P	N	T	U	I	N	F	F
T	G	N	Ä	F	D	R	R	T	O	I	K	Ü	P	P	F	S	E	R	G	N	N
Ü	P	F	E	N	N	R	I	S	S	N	I	P	P	E	P	K	U	N	T	A	M
K	R	A	U	S	U	Z	E	R	G	E	N	N	E	M	O	T	T	I	F	A	T
K	U	N	Z	E	E	L	H	Ö	H	R	S	S	I	M	K	N	I	L	L	U	A
B	R	I	D	A	W	E	L	L	K	I	N	E	E	M	M	E	D	T	I	M	G

_____

Spiegelsätze

Verbinde auf der linken Seite die Punkte in der richtigen Reihenfolge.
Verbinde dann die Wörter auf der rechten Seite zu einer spiegelbildlichen Figur.
Lies den Satz und du weißt, welcher Gegenstand gemeint ist.

4	BUNTEM
3	AUS
5	PAPIER
2	IST
1	ER
6	UND
9	EINEM
7	FLIEGT
8	AN
10	SEIL

1 _____

5	DU
1	AUF
6	MIT
11	WELT
3	KUGEL
10	DIE
4	REIST
7	DEM
8	FINGER
2	DIESER
9	UM

2 _____

40

Guten Appetit!

Wenn du diese Rezepte ausprobieren willst, musst du erst noch ein wenig knobeln.
Schreibe die korrigierten Rezepte auf den Block.

1. Kartoffelgratin für vier Personen

Das brauchst du dazu:
- 1 ml Kartoffeln
- 200 kg süße Sahne
- 100 g Milch
- 50 ml Parmesankäse, gerieben
- Salz, Pfeffer, Muskatnuss, etwas Knoblauch
- etwas Butter für die Auflaufform

Achte auch auf die Mengen- und Zeitangaben!

So wird es gemacht:
Streiche eine Auflaufform mit Milch aus. Wasche die Butter und schäle sie. Schneide dann die Sahne in dünne Scheiben. Gib die Kartoffeln, die Auflaufform und die Gewürze in einen kleinen Topf und vermenge sie miteinander. Lass etwas von der Sahne übrig. Lege die Kartoffelscheiben in die Kartoffeln. Schütte das Gemisch aus Milch, Sahne und Gewürzen über die Sahne. Backe die Kartoffeln 170 Minuten lang im Backofen bei 30 Grad Celsius. Gib dann die restlichen Kartoffeln und den Parmesankäse darüber und lass alles noch einmal 15 Minuten im Ofen goldbraun werden.

2. Aprikosennusskuchen

Das brauchst du dazu:
- 4 Eier
- 150 g Mineralwasser
- 150 Päckchen Öl
- 120 ml Puderzucker
- 150 Päckchen gemahlene Haselnüsse
- 300 große Dose Mehl
- 1 ml Backpulver
- 1 g Aprikosen
- 1 g gehackte Mandeln
- Backpapier

So wird es gemacht:
Schlage 4 Haselnüsse in einer großen Schüssel auf. Gib Aprikosen, Mandeln und Backpapier dazu. Verrühre alles mit einem Mixer. Streue dann die gemahlenen Eier ein und vermenge sie mit der Masse. Gib das Backblech und das Backpulver dazu und rühre den Teig kräftig mit dem Mixer durch. Lege ein Mehl mit dem Puderzucker aus. Streiche den Teig auf das Blech. Zerschneide das Mineralwasser in Viertel und lege sie auf den Teig. Streue zum Schluss das gehackte Öl darüber. Backe den Kuchen bei 30 Grad Celsius ca. 180 Minuten lang.

Name: _____ Datum: _____

Die Silbenfresser

Diesen kleinen Monstern schmecken Wörter am besten. Wenn du alle Silben richtig zusammensetzt, erhältst du jeweils zwei Sätze, die eine Pflanze beschreiben.

1 *Sie klettert an* _____ _____

2 _____ _____

3 _____ _____

Lösung: **1** _____ **2** _____ **3** _____

Versteckte Wörter im Silbenwald

Fünf Silben kommen nur einmal vor. Der Rest ist doppelt. Die fünf Silben, die nur einmal vorkommen, bilden von links nach rechts gelesen ein Wort. Es handelt sich immer um eine Pflanze oder um ein Tier aus dem Wald.

1 Kiefernholzwespe

KIE	RE	FARN	PEL	HALS
KEI	FERN	WAS	WES	WIS
HOL	WIS	FERM	RE	KLE
PEL	HALS	KEI	FERM	PE
KLE	FARN	HOLZ	WAS	HOL

2 Tagpfauenauge

PFEU	TAR	GEL	AL	TAL
GEL	IN	PLAU	AU	PLAU
RE	AL	EIN	TAR	AN
EIN	PFAU	RE	IN	GE
TAG	AN	EN	PFEU	TAL

3 Tausendgüldenkraut

GUL	TAL	GÜL	SAND	TAL
KRÄU	GUL	SAND	GIL	SEM
SEM	TEU	DAN	DEM	KRAUT
GIL	DEM	KRÄU	KRAU	TEU
TAU	SEND	KRAU	DEN	DAN

4 Erlenblattkäfer

TER	BRETT	EP	LAN	EL
LER	KÖ	BLATT	KÄ	BETT
KA	LEN	LEIN	LER	LEIN
LAN	TER	EL	KA	EP
ER	BETT	KÖ	BRETT	FER

5 Hornissenschwärmer

SER	SCHWA	SEIN	HAR	HAR
NER	SCHÄ	NER	NES	NAS
SCHÄ	NIS	HÖR	SER	MER
SIN	SEIN	SEN	SCHWÄR	NES
HOR	SCHWA	NAS	SIN	HÖR

6 Zitronenfalter

MEN	ZE	TAR	ZLI	MEN
TRÖ	FLA	TRA	KEN	TER
TAR	TIR	FEL	TRÖ	FLA
KEN	ZLI	NEN	TIR	ZE
ZI	TRO	TRA	FAL	FEL

7 Sommergoldhähnchen

SOM	MER	HAHN	GELD	SAM
ZER	NER	SON	CHE	HÖRN
HAHN	SCHE	GOD	NER	CHEN
CHE	SON	GOLD	SCHE	ZER
SAM	GELD	HÖRN	HÄHN	GOD

8 Traubenholunder

HÖ	TRU	BEIN	DIR	TAU
LUM	BEN	HÖ	DAR	LEN
HA	DIR	HA	LEN	REN
TRAU	DAR	HO	LUM	TRU
REN	BEIN	TAU	LUN	DER

Name: _____ Datum: _____

Silbenschlangen

Wenn du die Kästen schlangenförmig verbindest, kannst du den Satz lesen.
Schreibe die Sätze auf den Block.

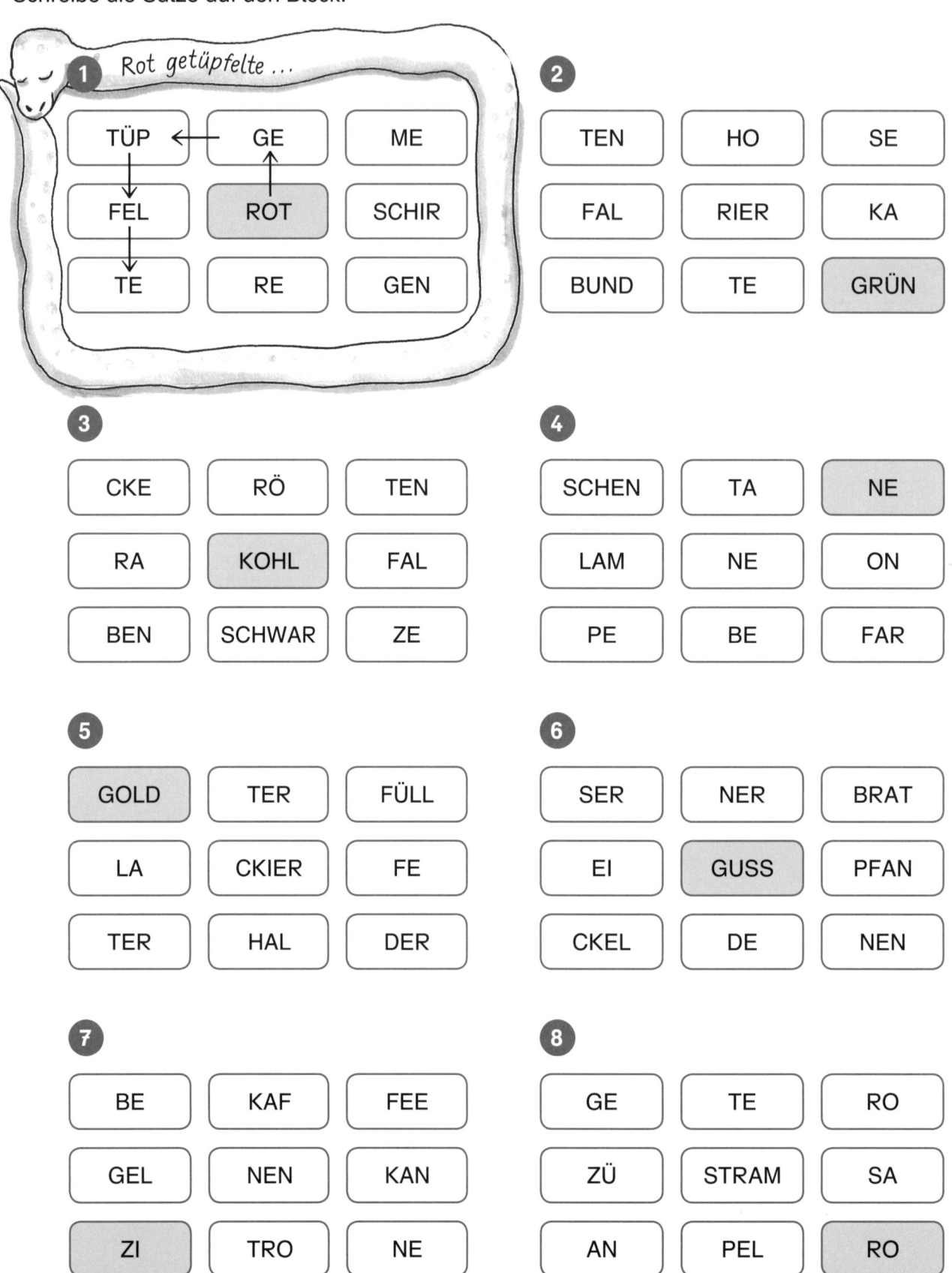

1 Rot getüpfelte …

TÜP	GE	ME
FEL	ROT	SCHIR
TE	RE	GEN

2

TEN	HO	SE
FAL	RIER	KA
BUND	TE	GRÜN

3

CKE	RÖ	TEN
RA	KOHL	FAL
BEN	SCHWAR	ZE

4

SCHEN	TA	NE
LAM	NE	ON
PE	BE	FAR

5

GOLD	TER	FÜLL
LA	CKIER	FE
TER	HAL	DER

6

SER	NER	BRAT
EI	GUSS	PFAN
CKEL	DE	NEN

7

BE	KAF	FEE
GEL	NEN	KAN
ZI	TRO	NE

8

GE	TE	RO
ZÜ	STRAM	SA
AN	PEL	RO

44

Spiegelwörter

Verbinde auf der linken Seite die Punkte in der richtigen Reihenfolge.
Verbinde dann die Silben auf der rechten Seite zu einer spiegelbildlichen Figur.
Es entstehen Wörter, die zusammengehören.
Achtung: Ein Wort passt jeweils nicht dazu. Schreibe dieses „faule Ei" auf.

1
 	
         9
 	
     5
12
           8
   2
 	
        10
          6
 	
11
  3
           7
       4
	EI
	SCHLEI
	   LA
	       BER
	BLIND
	      DECH
	  CHE
	MAN
	
	     SPER
	      SE
	DER
	  SA

1 _____

9
       8
         12
10
   7
 2
 	
  1
    3
 	
11
6
     4
  5
	FREUN
	BRIEF
	RER
	   DIN
	TER
	  LI
	   PO
	ZIST
	   LEH
	 SCHWES
	KRAN
	  KEN

2 _____

Unter Freunden

Tim Weiß, Michael Rot und Lara Grün losen auf dem Jahrmarkt. Jedes Kind gewinnt einen Ball in einer anderen Farbe. Die Bälle sind weiß, rot und grün.

Lara wirft ihren roten Ball hoch und lacht: „Das ist lustig. Keiner von uns hat einen Ball in der Farbe seines Nachnamens bekommen."

Welche Farbe hat Michaels Ball? _____

Welche Farbe hat Tims Ball? _____

Lisa, Paul, Timo und Hanna kaufen sich im Schwimmbad jeweils eine Kugel Eis.

Diese Sorten hat der Eisverkäufer: Schokolade, Vanille, Zitrone und Erdbeere. Jedes Kind entscheidet sich für eine andere Eissorte.

Lisa sagt: „Hm, lecker. Es gibt nichts Besseres als Schokoladeneis."
Hanna meint: „Erdbeer- und Vanilleeis mag ich überhaupt nicht."
Auch Timo mag kein Vanilleeis.

Für welche Eissorte haben sich Paul, Timo und Hanna entschieden?

Paul: _____ Timo: _____ Hanna: _____

Lara trifft am Montagnachmittag ihre Freundin Mona. Beide wollen Sticker tauschen.

„Zu dumm", schimpft Lara. „Ausgerechnet mein Sticker-Album habe ich gestern unter der Schulbank liegen lassen."

„Das glaubst du doch selber nicht", entgegnet Mona.

Warum glaubt Mona ihrer Freundin nicht?

_____

_____

_____

Hier geht es ums Geld!

Florian trifft seinen Freund Max und erzählt:

„Gestern habe ich auf dem Dachboden eine tolle Entdeckung gemacht. Ich habe doch glatt in einem Karton ein altes Sparschwein gefunden. Selbstverständlich hab' ich es sofort geschlachtet."

„Und war noch Geld drin?", will Max wissen.

„Klar, jede Menge", lacht Florian. „Im Sparschwein waren drei Fünf-Euro-Stücke, fünf Zwei-Euro-Stücke und zwei Ein-Euro-Stücke, also insgesamt siebenundzwanzig Euro."

„Moment mal", stutzt Max. „Das kann nicht ganz stimmen."

Warum?

_____

Lisa findet auf dem Heimweg ein Zwei-Euro-Stück.

Zu Hause erzählt sie stolz ihrem Bruder:
„Stell dir vor, ich habe das Geldstück schon von Weitem gesehen."

Wie kann das sein, wenn die Straßenbeleuchtung nicht eingeschaltet war? Außerdem stand weder der Mond am Himmel, noch haben die Sterne geleuchtet.

_____

Eine Viererkarte für den Bus kostet zwei Euro. Eine Einzelfahrt kostet sechzig Cent.

Tom steigt in den Bus und gibt dem Busfahrer zwei Ein-Euro-Stücke, ohne etwas zu sagen. Der Busfahrer gibt Tom eine Viererkarte.

Woher weiß der Fahrer, dass Tom eine Viererkarte wollte, obwohl er Tom nicht kannte?

_____

Name:	Datum:

Wer war es?

Weil Opa und Oma zu Besuch kommen, hat die Mutter eine leckere Torte gebacken. Bis zum Nachmittag stellt sie den Kuchen in den Kühlschrank. Als sie die Torte holen will, muss sie feststellen, dass bereits ein großes Stück fehlt.

Sie geht ohne die Torte in den Garten und stellt ihre drei Kinder zur Rede:
„Wer von euch hat denn von der Torte genascht?"
Moritz sagt: „Ich war es bestimmt nicht. Du weißt doch, dass ich Kuchen überhaupt nicht mag."
Auch Leo schüttelt den Kopf: „Ich war's auch nicht. Ich war doch die ganze Zeit bei meinem Freund Simon."
„Stimmt nicht", entgegnet Lara. „Du bist schon seit einer Stunde zu Hause. Also hattest du genug Zeit, dir ein großes Stück Himbeertorte zu genehmigen."

War Leo tatsächlich die Naschkatze? Begründe deine Antwort.

_____

„Na, bist du jetzt endlich mit den Hausaufgaben fertig?", fragt Mama, als sie mit Klara vom Einkaufen zurückkommt.
Daniela nickt und zeigt ihrer Mutter freudestrahlend das Rechenheft.
Am nächsten Tag schimpft der Lehrer in der Schule:
„Daniela, kannst du nicht besser auf dein Rechenbuch aufpassen? Die Seite ist ja eingerissen!"
„Das war ich nicht", verteidigt sich Daniela. „Das hat meine kleine Schwester gestern gemacht, während ich meine Hausaufgaben erledigt habe."

Warum kann das nicht stimmen?

_____

Sarah kauft sich von ihrem Taschengeld eine Tüte Gummibärchen und versteckt sie in ihrer Schreibtischschublade. Als sie am nächsten Tag von den Gummibärchen naschen will, ist die Tüte leer. Natürlich verdächtigt sie sofort ihren Bruder und hält ihm die leere Tüte wütend unter die Nase.
„Ich klau doch keine Gummibärchen", meint Max beleidigt. „Und außerdem schnüffel ich doch nicht in deinem Schreibtisch herum."

Warum glaubt Sarah ihrem Bruder nicht?

_____

Lösungen

Wortspiegel – Spiegelwort
Seite 5

Gartenhaus – Hausgarten, Hauskatzen – Katzenhaus, Stallhasen – Hasenstall, Hausschuh – Schuhhaus, Baumstamm – Stammbaum, Tagtraum – Traumtag, Ringfinger – Fingerring, Spielbrett – Brettspiel, Bügeleisen – Eisenbügel, Salatfeld – Feldsalat

Ein Wort und zweierlei Bedeutungen
Seite 6

Löwenzahn, Gericht, Ball, Flügel, Kröten, Pferdeschwanz, Bienenstich, Steckenpferd, Blatt, Löffel, Mutter, Schalter, Fuchsschwanz, Bank, Fingerhut, Hahn, Schloss

Der feine Unterschied: Nur ein Selbstlaut ändert sich
Seite 7

Regel – Regal, Bach – Buch, Hund – Hand, Pilz – Pelz, Tante – Tinte, Uhr – Ohr, Stern – Stirn, Brot – Brut, Burg – Berg

Der feine Unterschied: Nur ein Mitlaut ändert sich
Seite 8

Geld – Feld, Hase – Nase, Lamm – Kamm, Kinder – Rinder, Wiese – Riese, Fisch – Tisch, Tanne – Tante, Wolle – Wolke, Teig – Teil, Nagel – Nabel

Nur ein Buchstabe mehr ...
Seite 9

Beule, Hund, Kreis, Grund, Stau, Stein, Feind, Darm, kalt, Falle, Reis, reisen, Steig, Laus, Stollen, Herz, Brot, Traum, stehen

Und noch ein kniffliger Wortzauber ...
Seite 10

Haube – Taube – Taufe, Horn – vorn – Korn – Kern, Maus – Laus – Laub – taub – Staub, Seil – Beil – Bein – fein – fern, Kiste – Liste – Piste – Paste, Tante – Tanne – Tonne – Sonne

Sonderbar, sonderbar ...
Seite 11

Tischbein, Flussbett, Brillenschlange, Kaiserpinguin, Goldfisch, Baumschule, Hirschkäfer, Schwertlilie, Murmeltier

Riesenwurm-Wörter
Seite 12

Baumhaus – Haustür – Türschloss – Schlosspark – Parkplatz
Erdbeereis – Eisberg – Bergbahn – Bahnhof – Hofdame
Kartenspiel – Spielplatz – Platzregen – Regenwolken – Wolkenkratzer
Donnerwetter – Wetterfrosch – Froschteich – Teichrosen – Rosenduft
Kräutertee – Teebeutel – Beuteltier – Tierfilm – Filmstar

Schneckensuchsel 1
Seite 13

Schnittlauch / Petersilie / Kopfsalat / Blaukraut / Nelke / Kletterrose / Buche / Linde

Lösungen

Schneckensuchsel 2
Seite 14

Zahnspange / Bett / Reis / Regen / Nudel / Klammer / Ringelnatter / Bratkartoffeln

Was hat das Känguru in seinem Beutel?
Seite 15

Federballschläger / Kopfsteinpflaster / Handtaschenräuber / Säbelzahntiger / Taschenuhrkette / Spielzeugeisenbahn / Waldameisenhügel / Nachttischlampe / Christbaumkugel

Lauter Sprücheklopfer!
Seite 16

Wer nicht hören will, muss fühlen.
Frisch gewagt ist halb gewonnen.
Früher Vogel fängt den Wurm.
Morgenstund' hat Gold im Mund.
Reden ist Silber, Schweigen ist Gold.
Es ist noch kein Meister vom Himmel gefallen.
Lügen haben kurze Beine.

Bachstubenverwuchsleng
Seite 17

Fellmütze / Schraubenzieher / Goldhamster / Geschirrtuch / Fußballtor / Wohnzimmersessel / Sonnenschirmständer / Apfelbaumblüte / Aprikosenkuchen / Fahrradpumpe / Topfpflanze / Rätselaufgabe / Goldfischbecken / Gästehandtuch / Nähmaschine / Schokoladeneis / Zitronenfalter / Sonntagszeitung / Terrassentür / Taschenuhr / Kirchturmspitze / Dinosaurier

Stuchbabenwerlechsvung
Seite 18

Haubentaucher / Straßenkreuzung / Zirkusdirektor / Steinbrücke / Streuselkuchen / Segelflugzeug / Briefkasten / Suppengemüse / Streichholzschachtel / Treppengeländer / Federmäppchen / Korkenzieher / Geldbeutel / Tafelschwamm / Taschenkalender / Badewanne / Bananenschale / Fahrkartenschalter / Dachfenster / Flaschenpost / Fischbrötchen / Bügeleisen

Hoppla, da fehlt doch einer!
Seite 19

Hauptstraße, Nachtfalter, Wildkatze, Hasenstall, Fensterladen, Springmaus, Fingerring, Wandbehang, Kranführer
Lösungswort: **Zitronenlimonade**

Nanu, einer zu viel an Bord!
Seite 20

Es muss heißen: Strandhotel, Bienenstich, Tretroller, Schokoladenguss, Ringelnatter, Bushaltestation, Winterstiefel, Segelflugzeug
Lösungswort: **Aprikosenmarmelade**

Moment mal, da stimmt etwas nicht!
Seite 21

Es muss heißen: Zitronenfalter, Steintreppe, Lichtschalter, Limonade, Wurstbrötchen, Automobil, Krautsalat, Badewanne, Ritterrüstung, Vollmond
Lösungswort: Mausefalle

Lösungen

Wer zaubert die meisten neuen Wörter?
Seite 22

Kitz, Mast, Karte, Buch, Brause, Bart, Lasso, Schimmel, Uhr

Was gehört nicht dazu?
Seite 23

Wortsalat
Seite 24

Autoschlange, Hamsterrad, Paprikaschote, Taschenlampe, Seifenblasen, Krankenschwester, Polizist, Tomaten, Zitronenschale, Getreidemühle, Ledertasche, Gardinenstange, Petersilie, Kaminkehrer, Sandalen, Limonade, Regenwolke, Pferdesattel, Taschenrechner, Wassermelone

Immer zwei dicke Wörterfreunde
Seite 25

Purzelbaum – Baumschmuck, Riesenschlangen – Schlangenlinien, Türschloss – Schlossgarten, Froschkonzert – Konzertkarte, Trommelwirbel – Wirbelsturm, Weitsprung – Sprungturm, Trinkglas – Glastür, Plastikflaschen – Flaschenhals, Unterwäsche – Wäscheklammer, Fuchsbau – Bauklötze, Brillenbügel – Bügeleisen, Löwenzahn – Zahnlücke, Manteltaschen – Taschenlampe, Knopfloch – Lochmuster, Haferstroh – Strohblumen, Schwanzfeder – Federvieh, Bachlauf – Laufente, Maultaschen – Taschenuhr, Badehosen – Hosenanzug

Lösungen

Wer fehlt denn da?
Seite 26

Hemd**k**nopf, Mauer**s**tein, Wasser**t**ropfen, Blattlaus, Alptraum, Weintraube, Sonnenstrahl, Stachelschwein, **P**reisschild, Blinddarm, Mücken**p**lage, Sommer**k**leider, Rohrbruch, Lese**b**rille, Waldbrand, Reißverschlu**ss**, Schiff**s**ma**s**t, Handtasche, Regalbrett, **F**laschenpost

Vorsicht, blinder Passagier!
Seite 27

Kirchturmspitze, Ringeltaube, Klassenraum, Salatkopf, Kerzenschein, Reisbrei, Ausgang, Waldeule, Skirennen, Niederlage, Mitleid, Gabentisch, Tierbuch, Ohrring, Haarband, Pferderücken, Armbanduhr, Astloch, Federbett, Stahlträger

Wer ist denn da gemeint?
Seite 28

der Scheinwerfer, die Steineiche, das Rathaus, die Buchstütze, das Fensterblech, der Bürgermeister, der Meisenring, der Salatkopf, der Schraubenzieher, der Kanaldeckel, die Baumschule, der Geldschalter, die Zimmerdecke, der Mülleimer, der Esslöffel, der Lockenwickler, die Badeseife, der Reiseführer

Ein komplett verrücktes Haus!
Seite 29

Ein komplett verrücktes Haus!

Großmütze Hanna sitzt im Lampenstuhl und häkelt sich gerade eine schicke Wollmutter. Da läutet es an der Papptür. Es ist der Bienenträger, der ihr einen riesigen Hauskarton und eine Feuerkarte von ihrer Apfelschwester Anna bringt. Neugierig packt Oma aus: ein Glas Briefhonig, ein Bilderbrot, ein Schaukelschirm und ein Taschenpudding.
Schon am Nachmittag will Anna kommen. Da wird es höchste Zeit, alles für die Feier vorzubereiten. Schließlich kann Oma ihrem Gast nicht nur ein Butterlexikon anbieten. Erst backt Hanna einen Zwillingskuchen. Dann kocht sie Schokoladenkalender und bereitet einen Blumensalat zu. Am Ende kocht sie eine scharfe Gemüsetür und stellt den Gänseofen in den Backbraten.
Zum Glück wird noch alles rechtzeitig fertig. Punkt drei Uhr steht Anna mit einem prächtigen Obststrauß an der Gartensuppe. Das Essen schmeckt hervorragend. Allein die Suppe war so feurig, dass sie beinahe einen Geburtstagslöscher gebraucht hätten.

Unterstreiche die 22 lustigen Wörter. Setze sie dann richtig zusammen.

So muss es richtig heißen:

Großmutter, Schaukelstuhl, Wollmütze, Haustür, Briefträger, Pappkarton, Geburtstagskarte, Zwillingsschwester, Bienenhonig, Bilderlexikon, Lampenschirm, Taschenkalender, Butterbrot, Apfelkuchen, Schokoladenpudding, Obstsalat, Gemüsesuppe, Gänsebraten, Backofen, Blumenstrauß, Gartentür, Feuerlöscher

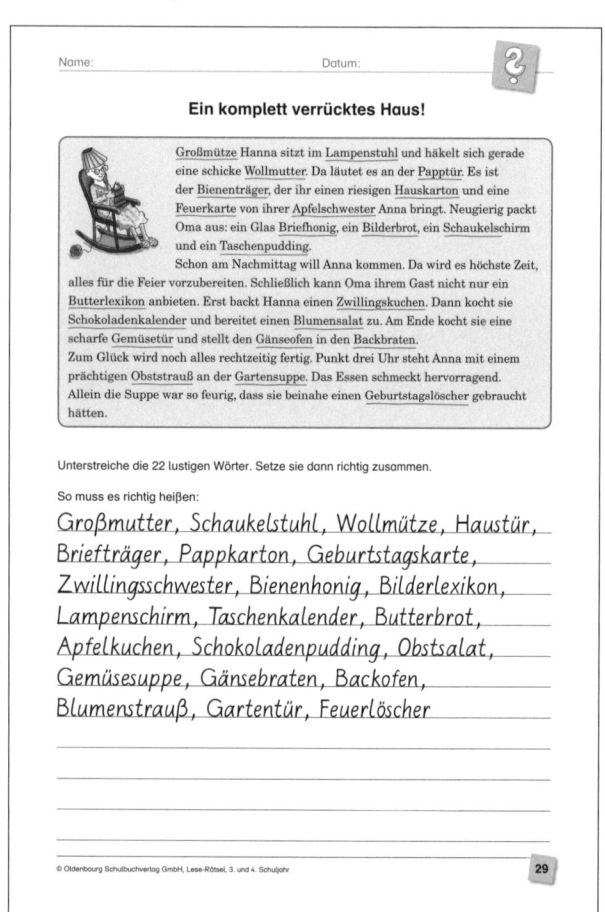

Lösungen

Ein Rezept von der Schussel-Hexe gegen Langeweile *Seite 30*

zehn Froscheier, hart gekocht / fünfzehn Spinnenbeinchen ohne Härchen / drei Esslöffel braunen Krötenschleim / einen halben Liter frische Krokodilstränen / einen halben Bandwurm, fein gehackt / sieben Tausendfüßler im Ganzen / vier Mäusezähne (Rattenzähne), frisch gezogen / zwei Rattenschwänze (Mäuseschwänze), gut gewaschen / eine frische Schlangenhaut / ein Kilogramm Fischgräten

Doppelt gemoppelt! *Seite 31*

Kartoffel – Felsen, Diamant – Mantel, Paprika – Karte, Kordel – Elster, Torte – Teer, Adler – Lerche, Klingel – Geld, Garten – Ende, Blume(n) – Mensch, Ofen – Fenster, Tante – Antenne, Gürtel – Teller, Palme – Meer, Bürste – Stern, Schrank(e) – Anker, Vogel – Geld, Heizung – Zunge, Dackel – Eltern, Koffer – Ferkel, Spitze – Zelt

Namenwörter (Nomen) spielen Verstecken *Seite 32*

Bein: das Ei / Schwein: der Wein, das Ei / Ball: das All / Steig: der Teig, das Ei / Flasche: die Lasche, die Asche / Rinder: das Rind, die Rinde, der Inder / Brille: die Rille / Saal: der Aal / Eisen: das Ei, das Eis / Kleber: die Leber, der Eber / Kreisel: der Kreis, der Reis, die Reise, das Ei, das Eis / Scherz: das Herz, das Erz / Schachtel: das Achtel, die Acht, die (der) Achte, der Schacht / Automaten: das Auto, der Tom, die Tomate (n), die Oma / Globus: das Lob, der Bus / Flieger: die Fliege, die Liege / Perle: die Erle / Bohrer: das Ohr / Pflanze: die Lanze / Waffe: der Affe

Falsche Grenzen! *Seite 33*

Gelegenheit macht Diebe.
Ehrlich währt am längsten.
Es ist noch kein Meister vom Himmel gefallen.
Morgenstund' hat Gold im Mund.
Viele Köche verderben den Brei.
Neue Besen kehren gut.
Hunger ist der beste Koch.
Guter Rat ist teuer.

Alles rückwärts! *Seite 34*

Franz fragt seinen Freund Max: „Wie ist die ideale Schule?" Max zuckt die Achseln. Franz lacht: „Natürlich geschlossen."
Lisa hat keine Hausaufgaben gemacht. Trotzdem macht sie sich keine Sorgen. Denn man kann für nichts bestraft werden, das man nicht gemacht hat.
Die Oma fragt Lena: „Was ist an der Schule toll?" Lena antwortet: „Am schönsten sind die Pausen. Deshalb muss man sie verlängern."
Merkwürdige Preise: Meistertitel für Mamas besten Aufsatz – Goldmedaille für ein Jahr unfallfreies Essen in der Pause – Auszeichnung für fehlerfreies Abschauen

© Oldenbourg Schulbuchverlag GmbH, Lese-Rätsel, 3. und 4. Schuljahr

Lösungen

Redensarten in Känguru-Sprüngen
Seite 35

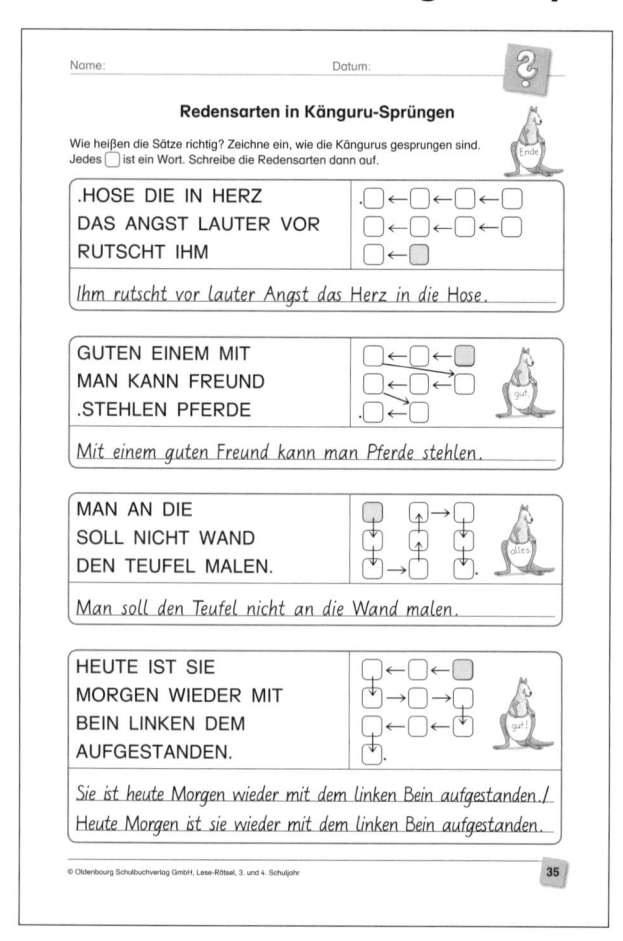

(Arbeitsblatt-Abbildung)

.HOSE DIE IN HERZ
DAS ANGST LAUTER VOR
RUTSCHT IHM

Ihm rutscht vor lauter Angst das Herz in die Hose.

GUTEN EINEM MIT
MAN KANN FREUND
.STEHLEN PFERDE

Mit einem guten Freund kann man Pferde stehlen.

MAN AN DIE
SOLL NICHT WAND
DEN TEUFEL MALEN.

Man soll den Teufel nicht an die Wand malen.

HEUTE IST SIE
MORGEN WIEDER MIT
BEIN LINKEN DEM
AUFGESTANDEN.

Sie ist heute Morgen wieder mit dem linken Bein aufgestanden. / Heute Morgen ist sie wieder mit dem linken Bein aufgestanden.

Schlangensätze
Seite 36

Die Maus wohnt im Loch tief unter der Erde. / Die Katze sitzt seit einer Stunde auf der Lauer. / Die Amsel singt auf dem Ast laut ihr Lied. / Das hört die Katze und kommt ganz leise näher. / Da lockt der Sänger die Katze immer höher hinauf. / Es knackt im Baum und schon bricht der Ast. / Jetzt fällt die Katze vom Baum und hinkt davon. / Da tanzt die Maus froh zum Lied der Amsel.

Satzkreisel
Seite 37

1. Schneewittchen (Eine junge, schöne Frau kocht, wäscht und putzt für nette kleine Leute.)
2. Hänsel und Gretel (Zwei arme, hungrige Kinder knabbern das leckere Haus einer alten Frau an.)
3. Dornröschen (Weil jemand nicht zur Party kommen darf, muss eine Prinzessin lange schlafen.)
4. Froschkönig (Ein Frosch tut einer Prinzessin einen Gefallen und nervt sie dafür sehr.)
5. Frau Holle (Zwei Kinder arbeiten für eine Frau, die es sogar schneien lassen kann.)
6. Aschenbrödel (Nur durch einen Schuh findet ein Prinz die Frau seines Lebens wieder.)

Lösungen

Versteckte Sätze
Seite 38

1. Zehn Ziegen zogen zur Quelle. / 2. Tante Tina trinkt gern Saft. / 3. Neun Pferde traben zum Fluss. /
4. Drei Bären klauen einen Honigtopf.

Noch ein Versteck für einen Satz
Seite 39

1. Eichhörnchen (Es hüpft flink von Ast zu Ast, hat einen buschigen Schwanz und versteckt Nüsse für den Winter.)
2. Fledermaus (Sie hängt am Tag mit dem Kopf nach unten in einer Höhle und fängt nachts Insekten.)

Spiegelsätze
Seite 40

1. Drachen (Er ist aus buntem Papier und fliegt an einem Seil.)
2. Globus (Auf dieser Kugel reist du mit dem Finger um die Welt.)

Guten Appetit!
Seite 41

1. **Kartoffelgratin für vier Personen**

   Das brauchst du dazu:
   1 kg Kartoffeln, 200 ml süße Sahne, 100 ml Milch, 50 g Parmesankäse, gerieben,
   Salz, Pfeffer, Muskatnuss, etwas Knoblauch, etwas Butter für die Auflaufform

   So wird es gemacht:
   Streiche eine Auflaufform mit Butter aus. Wasche die Kartoffeln und schäle sie.
   Schneide dann die Kartoffeln in dünne Scheiben. Gib die Milch, die Sahne und die Gewürze in einen kleinen
   Topf und vermenge sie miteinander. Lass etwas von der Sahne übrig. Lege die Kartoffelscheiben in die
   Auflaufform. Schütte das Gemisch aus Milch, Sahne und Gewürzen über die Kartoffeln. Backe die Kartoffeln
   30 Minuten lang im Backofen bei 170 Grad Celsius. Gib dann die restliche Sahne und den Parmesankäse
   darüber und lass alles noch einmal 15 Minuten im Ofen goldbraun werden.

2. **Aprikosennusskuchen**

   Das brauchst du dazu:
   4 Eier, 150 ml Mineralwasser, 150 ml Öl, 120 g Puderzucker, 150 g gemahlene Haselnüsse, 300 g Mehl,
   1 Päckchen Backpulver, 1 große Dose Aprikosen, 1 Päckchen gehackte Mandeln, Backpapier

   So wird es gemacht:
   Schlage 4 Eier in einer großen Schüssel auf. Gib das Mineralwasser, das Öl und den Puderzucker dazu.
   Verrühre alles mit einem Mixer. Streue dann die gemahlenen Haselnüsse ein und vermenge sie mit der
   Masse. Gib das Mehl und das Backpulver dazu und rühre den Teig kräftig mit dem Mixer durch. Lege ein
   Backblech mit Backpapier aus. Streiche den Teig auf das Blech. Zerschneide die Aprikosen in Viertel
   und lege sie auf den Teig. Streue zum Schluss die gehackten Mandeln darüber. Backe den Kuchen bei
   180 Grad Celsius ca. 30 Minuten lang.

Die Silbenfresser
Seite 42

1. Kletterrose (Sie klettert an Mauern hinauf. Sie ist wehrhaft und duftet.)
2. Sonnenblume (Sie hat einen dicken Stängel und eine gelbe Blüte. Die Vögel fressen im Winter gern ihre Samen.)
3. Löwenzahn (Er trägt ein Raubtier in seinem Namen. Die Samen fliegen mit Fallschirmen weg.)

© Oldenbourg Schulbuchverlag GmbH, Lese-Rätsel, 3. und 4. Schuljahr

Lösungen

Versteckte Wörter im Silbenwald   Seite 43

1. Kiefernholzwespe / 2. Tagpfauenauge / 3. Tausendgüldenkraut / 4. Erlenblattkäfer / 5. Hornissenschwärmer /
6. Zitronenfalter / 7. Sommergoldhähnchen / 8. Traubenholunder

Silbenschlangen   Seite 44

1. rot getüpfelte Regenschirme / 2. grün karierte Bundfaltenhose / 3. kohlrabenschwarze Faltenröcke /
4. neonfarbene Taschenlampe / 5. gold lackierter Füllfederhalter / 6. gusseiserner Bratpfannendeckel /
7. zitronengelbe Kaffeekanne / rosarote Strampelanzüge

Spiegelwörter   Seite 45

Sperber / Brieffreundin

Unter Freunden   Seite 46

Michaels Ball ist weiß und Tims Ball ist grün.

Paul kauft sich Vanilleeis. Timo isst Erdbeereis. Hanna entscheidet sich für Zitroneneis.

Heute ist Montag. Wenn Lara tatsächlich gestern ihr Sticker-Album in der Schule vergessen hätte,
dann wäre am Sonntag Unterricht gewesen.

Hier geht es ums Geld!   Seite 47

Florian hat wohl etwas geschummelt, denn es gibt keine Fünf-Euro-Stücke.

Lisa findet das Zwei-Euro-Stück am Tag.

Hätte Tom nur eine Einzelfahrkarte gewollt, hätte er dem Busfahrer nur einen Euro gegeben
und nicht zwei einzelne Ein-Euro-Stücke.

Wer war es?   Seite 48

Lara war die Naschkatze. Die Mutter hat nicht verraten, welche Tortensorte sie gebacken hat. Lara aber beschuldigt ihren Bruder, ein Stück von der Himbeertorte gegessen zu haben. Das konnte sie nur wissen, wenn sie selbst von der Torte genascht hat.

Das kann nicht stimmen, weil Danielas kleine Schwester Klara gestern mit ihrer Mutter einkaufen war, während Daniela ihre Hausaufgaben gemacht hat.

Sarah hat ihrem Bruder nichts davon erzählt, dass sie ihre Gummibärchen in ihrem Schreibtisch versteckt hat. Er verteidigt sich aber damit, dass er ihren Schreibtisch nicht durchsucht habe.